PILLOLE DI BLOGGING
Guida pratica per blogger che vogliono trasformare una passione in qualcosa di più

SILVIA CERIEGI

Ai miei genitori e ai miei figli:
la continuazione di un immenso amore.

E al mio grillo parlante.

INDICE

INTRODUZIONE

Chi è un blogger? Domanda interessante. Risposta spiazzante, almeno cercando sul dizionario Treccani, che scrive:

blogger ‹blòġë› *s. ingl. [der. di blog] (pl.* bloggers ‹blòġës›*), usato in ital. al masch. e al femm. –* **Autore di blog.**

Va da sé il cercare anche la definizione di blog. Eccola:

blog ‹blòġ› *s. ingl. [accorc. di* weblog*] (pl.* blogs ‹blòġs›*), usato in ital. al masch. –* **Diario elettronico, allocato in un sito web e continuamente aggiornabile, corredato in genere degli eventuali commenti dei visitatori.**

Quindi **un blogger è l'autore di un diario elettronico, allocato in un sito web e continuamente aggiornabile, corredato in genere degli eventuali commenti dei visitatori.**

Tutto e nulla. O meglio: molto e poco. Chiunque abbia un diario elettronico su un sito web è un blogger. Ma non proprio tutti i blogger sono uguali.

Nonostante non sia un'amante di classificazioni ed etichette, nel mondo anglosassone vi è una distinzione tra blogger che mi piace molto: tre macrocategorie create sulla base di due dicotomie molto semplici:

1

- amatoriale o professionale;
- full o part time.

Infatti, le tre categorie sono:

- **Blogger**: blogger amatoriale, colui che aggiorna il proprio blog senza regolarità alcuna e per cui non è importante trarne guadagni, data la mancanza di impegno lavorativo.

- **Problogger**: blogger professionale, colui che dedica l'intero orario lavorativo al proprio blog e alle attività connesse e che ne ricava uno stipendio pieno.

- **Semi Problogger**: blogger professionale part-time, ovvero colui che, per varie ragioni, dedica al proprio blog un tempo limitato ma che comunque lo cura in maniera professionale, così da trarne comunque dei guadagni.

È attraverso il passaggio da blogger a problogger (o a semiproblogger) che ti guiderà questo libro.

Intanto due domande per te, a cui rispondere adesso e a cui rispondere, poi, quando rileggerai questo libro per la seconda, terza o ennesima volta.

- Tu che blogger sei?
- E che blogger vuoi diventare?

Se hai questo libro tra le mani - o questo ebook sul tuo schermo - con ogni probabilità sei un blogger che vuol diventare problogger o semiproblogger.

Questa guida si rivolge infatti:

- A te che sei **in procinto di aprire un blog** perché leggendo questo libro puoi farti un'idea dello studio e del lavoro che ti aspettano prima di diventare un problogger o un semiproblogger.

- A te che **hai un blog a cui vorresti dedicare più tempo e più energie** perché hai bisogno di un percorso strutturato e, perché no, di una consulenza personalizzata per raggiungere più velocemente e col minimo sforzo il tuo obiettivo.

- A te che **hai un blog che curi con passione e che spesso ti domandi "perché lui e non me?",** riferito ad un collega che ottiene collaborazioni frequenti.

- A te che **hai un blog ed aspiri a migliorarlo**, a raggiungere più lettori, ad avere più collaborazioni con aziende.

- A te che, semplicemente, **vuoi fare il grande passo da blogger a problogger o semiproblogger**.

Segui il percorso che ho preparato per te pensando a ciò di cui avrei avuto bisogno io quando ero agli inizi e vedrai che il successo non tarderà ad arrivare.

Fino a due anni e mezzo fa avrei pagato oro per poter leggere delle "Pillole di Blogging". Per questo ho deciso di scriverle io.

In rete si trova diverso materiale sul blogging, ma, almeno per le mie esigenze, che penso siano anche le tue, ha due tipi di difetti:

- È in lingua inglese, rivolto a chi fa blogging in lingua inglese. Un altro mondo rispetto alla realtà italiana. Ho comprato manuali anche costosi da cui ho imparato diversi concetti, ma sul lato pratico mi sono stati poco utili, in quanto incentrati su un mondo ed un modo di fare blogging completamente diverso da quello che abbiamo in Italia.

- Si tratta di materiale scritto da personaggi, anche autorevoli, che sono degli studiosi (di marketing, di comunicazione, ecc.) ma non provengono dal mondo del blogging. Quale aiuto possono darti se non conoscono le difficoltà che ti trovi ad affrontare?

Che il tuo blog (o il blog che vuoi aprire) si occupi di viaggi, di cibo, di fai-da-te, di moda, di design, che sia specializzato in vita-da-mamma o in lifestyle, **questo libro ti insegnerà un metodo di studio e di blogging necessario affinché il tuo blog possa considerarsi professionale e ti insegnerà a districarti nel difficile mondo delle collaborazioni tra blogger e aziende**, passando spesso attraverso le agenzie di comunicazione. Nel dettaglio, questo libro è suddiviso in tre parti, oltre a questa.

- Nella prima ti parlerò del **lavoro** e dello **studio** che ci devono essere **dietro ad un blog** perché questo possa diventare qualcosa di più che una passione. Ti consiglierò diverse letture, per lo più contenuti gratuiti disponibili su blog di settore perché questo libro, per come l'ho impostato, non è una bibbia, bensì una guida da leggere, rileggere e tenere sempre a portata di mano: un promemoria per non perdere la rotta verso il tuo passaggio da blogger amatoriale a blogger professionale.

- Nella seconda parte ti parlerò di **visibilità e *personal branding***: ci vuole molto tempo per costruirla, un attimo per distruggerla. Ho pensato a lungo come strutturare questa parte e, alla fine, ho deciso di riflettere insieme a te su cinque casi di blogger il cui personal branding, a mio avviso, è eccellente.

- La terza parte, invece, è dedicata al tuo **passaggio da blogger a problogger o semiproblogger** e si incentra sulle **fonti di guadagno per un blogger**, con un accenno a quanto potrai guadagnare sulla base della tua disponibilità temporale.

Se hai acquistato il libro in .pdf tramite il mio blog insieme all'**ora di consulenza**, dopo averlo letto attentamente, contattami via email (silvia@trippando.it) per fissare l'appuntamento su Skype: un'ora di tempo in cui saremo solo io e te e potrai chiedermi pareri e consigli sul mondo del blogging e dintorni.

Se hai acquistato soltanto il libro, ma ti sei reso conto di aver bisogno di una consulenza personalizzata, nessun problema: scrivimi all'indirizzo silvia@trippando.it e ci metteremo d'accordo per l'organizzazione e il pagamento della consulenza sulla base delle tue disponibilità temporali e di quello che vuoi sapere da me. Inizialmente ti consiglio di prenotare e pagare un'ora, che potremo però estendere in qualsiasi momento a seconda delle necessità tue e del tuo blog.

Se sei interessato a nuovi corsi, manuali o risorse, gratuite e non, riguardanti il mondo del blogging, mandami una email a silvia@trippando.it e ti terrò aggiornato sull'evolversi del mio lavoro in questo settore.

PARTE PRIMA
COME RENDERE IL TUO BLOG PROFESSIONALE

1.1 STUDIA

Hai comprato un dominio. Hai scritto qualche articolo. Hai comprato questo libro. E adesso pensi di essere un blogger e di poter iniziare a guadagnare grazie al tuo blog.

Mi dispiace, ma hai ancora un (bel) po' di strada da fare.

Arrivare ad avere un blog professionale ed avere la possibilità di ricavare guadagno da un blog non è così immediato come molti possono pensare.

Nel blogging tu sei imprenditore di te stesso e come in ogni impresa occorre un capitale di investimento.

Rispetto ad una qualsiasi altra attività imprenditoriale, **nel blogging l'investimento iniziale è principalmente il tuo tempo**.

Prima che il tuo blog possa diventare il tuo lavoro, sia full sia part time, e possa essere appetibile da parte di aziende per collaborazioni lavorative, dovrai aver investito molto tempo: tempo trascorso a scrivere, tempo trascorso a condividere i tuoi articoli sui social network, tempo trascorso in gruppi Facebook o LinkedIn in cui si discutono i temi di cui ti occupi nel blog e **tempo trascorso a studiare**.

Ma **studiare** che cosa?

- Innanzitutto dovrai **studiare "la tua materia"**, ovvero ciò di cui ti occupi e scrivi. Facile per me che scrivo di viaggi: nel momento in cui scrivo, il viaggio è già avvenuto e, prima di esso, lo studio di guide, blogpost, libri di letteratura di viaggio. Spesso scrivo un articolo anche prima di partire, col riepilogo di tutto il materiale che ho consultato fino ad allora. È un articolo che serve innanzitutto a me, per fissare nero su bianco le informazioni che so mi faranno comodo in viaggio e per poterle così consultare più facilmente. Solo di ritorno dal viaggio verranno gli articoli contenenti informazioni pratiche e sensazioni provate. Per te che hai un blog che tratta di altre tematiche, meno pratiche e più teoriche, occorre invece che tu ti documenti, ti specializzi; devi studiare molto, spesso testi in lingua inglese, per poter essere all'avanguardia. Per poter essere considerato un *influencer* nel tuo campo devi sapere ed essere in grado di mostrare le tue conoscenze e competenze attraverso i tuoi articoli sul tuo o su altri blog e mediante i tuoi interventi sui social network.

• Dovrai **studiare i tuoi *competitors***. Ma chi sono? L'analisi della concorrenza deve essere un lavoro ed uno studio da fare periodicamente: la rete è liquida ed i blog aprono e chiudono alla velocità della luce. I tuoi competitors cambiano continuamente. Il mio consiglio non è quello di considerare come competitor chi è come te, chi ha avviato il suo blog più o meno dallo stesso tempo, chi frequenta gli stessi tuoi gruppi social del settore, ma i blog del tuo ambito più famosi. Di loro devi analizzare la frequenza delle pubblicazioni, i temi trattati, la partecipazione al blog di ospiti qualificati e specializzati su dati temi, il lavoro sui social network. Non ti fossilizzare, però, sugli altri, ma **vai avanti per la tua strada**, secondo quello che tu hai in mente, secondo il tuo piano editoriale, secondo le caratteristiche che hanno sempre contraddistinto te ed il tuo blog: perché per quelle i tuoi lettori ti leggono, non per essere simile ad altri. **Prendi dagli altri solo spunti positivi**. Non perdere tempo in chiacchiere ed in critiche sterili ed inutili, ma **guarda i migliori e cerca di notare cos'è che distingue il loro blog dal tuo**. Ispirati, ma ovviamente senza copiare. Allo stesso modo, non fissarti su quello che scrivono gli altri. Non fissarti se pubblicano un articolo simile ad uno dei tuoi, magari a pochi giorni di distanza. Ignora il fatto che lo facciano periodicamente. Ignora anche il fatto che vengano copiate iniziative simili alle tue: ognuno ha il proprio pubblico, in rete c'è spazio per tutti e un lettore valido si accorge a colpo d'occhio se un articolo è spontaneo o "ispirato". **Se i tuoi articoli saranno originali, i tuoi lettori se ne renderanno conto, li condivideranno sui social, consiglieranno il tuo blog ai loro amici.** A proposito di interazioni, di cui parleremo più dettagliatamente in seguito, è invece molto interessante prendere spunto da blogpost altrui per scrivere delle riflessioni. Mi è capitato diverse volte di iniziare a scrivere di pancia un articolo in seguito ad un altro letto, su un blog o su un giornale. Quella è un'ispirazione positiva. Ti consiglio, in questo caso, di nominare sempre il blog che ti ha condotto alla tua riflessione, mettendo il link dello specifico articolo. Se vuoi, puoi comunicarlo anche all'autore: a lui farà senz'altro piacere!

- L'**arte del blogging**. Facile a dirsi, così, con una sola parola. Molto più difficile a mettere in pratica. Ci sono molti interessanti **blog** che parlano del blogging in generale o di alcune sue sfaccettature. Vi sono anche parecchie pubblicazioni di **libri o ebook** che trattano e declinano il blogging in ogni sua forma. Soprattutto in alcuni libri (ma spesso avviene anche nei blogpost), il termine blog sottintende spesso la parola "aziendale" e gli autori si riferiscono non a blog personali, ma a blog che possono essere di una struttura ricettiva, di una ditta di vernici, di un ristorante stellato o di un'azienda che produce mobili. A seconda delle direttive aziendali, possono essere curati da personale interno all'azienda, oppure da blogger freelance. Come vedremo in seguito, la possibilità di curare un blog aziendale può essere un'ottima fonte di guadagno anche per te. Dato che hai comprato questo libro per leggere i miei consigli, te li do in maniera spassionata. Quando ho voglia di formarmi sull'arte del blogging, leggo principalmente Riccardo Esposito ed il suo Mysocialweb, un blog dove puoi trovare articoli con spunti e consigli interessanti, oltre a diverse risorse scaricabili gratuitamente. Fondamentale per chi si affaccia al mondo del blogging in maniera professionale è anche il libro di Riccardo, Fare Blogging.

- Vi sono interessanti corsi, on e offline, riguardanti il blogging. Spesso vengono organizzati eventi per blogger, gratuiti o a pagamento, dove esperti di settore vengono chiamati a relazionare sul blogging a 360°. Il mio consiglio? Compatibilmente con i tuoi impegni, cerca di partecipare il più possibile, in particolare a quelli gratuiti, ma non escludere a priori quelli a pagamento: spesso con un minimo investimento puoi ottenere una grande formazione. Questi eventi, oltre a formarti sull'arte del blogging, costituiscono delle ottime opportunità di networking sia con gli altri blogger partecipanti che con i relatori, che anche se per noi sono una sorta di miti, spesso sono persone più alla mano di quanto ci si possa immaginare.

- Il **blog marketing**: se stai leggendo questo libro è perché sei interessato a fare il grande passo da blogger amatoriale a blogger professionale ed aspiri a guadagnare attraverso il tuo blog. Ebbene: i guadagni non piovono dal cielo. Oltre alla disponibilità temporale che ciascuno vuole o può dedicare alla propria attività di blogging, proporzionalmente alla quale potrai ottenere dei rientri economici dal tuo blog e dalle attività ad esso connesse, dovrai studiare anche un po' di blog marketing. Anche in questo caso, troverai online molti blog che si occupano della materia. Gli autori sono specialisti del marketing online e spesso il loro blog è di supporto alla loro attività di formatori, on e offline. Spesso sui loro blog potrai acquistare infoprodotti (manuali brevi ma ricchi di contenuto su uno specifico tema), oppure audio o video corsi, oppure ancora corsi che comprendono lezioni online e assistenza personalizzata. Anche nel caso del blog marketing, spesso gli autori di blog, libri, corsi o infoprodotti non si rivolgono a chi, come te, ha un blog "tradizionale" (non aziendale), per cui starà a te estrapolare le informazioni di cui hai bisogno ed i consigli che puoi applicare al tuo caso specifico.

- Anche sul tema del blog marketing, ho le mie preferenze: **Giacomo Freddi** e **Dario Vignali**. Il sito di Giacomo è Internetbusinesscafe; quello di Dario è invece dariovignali.net. Ti invito ad iscriverti alle loro interessanti newsletter (in cambio dell'iscrizione, da buoni marketers, ti regaleranno entrambi dei validi ebook) e a seguire le loro indicazioni. Sono ragazzi giovani e la loro vivacità nel parlare e nello scrivere rende i loro corsi, i loro post e le loro lezioni molto facili da seguire anche per chi è al primo approccio nel mondo del web marketing.

- Poi ci sono **SEO** e **SEM**, ovvero *Search Engine Optimization e Search Engine Marketing*. Se vuoi che il tuo blog sia visibile dai motori di ricerca, almeno un'infarinatura del SEO (un "sottoinsieme" del SEM) dovrai averla. Puoi anche scegliere di non mettere in pratica quello che hai letto e studiato, ma almeno sapere, devi sapere, altrimenti ti chiederai per mesi, se non per anni, il perché i tuoi post, seppur validi, non vengano mai letti da chi fa ricerche in rete. Anche in questo settore ho un mio preferito. È **Davide Pozzi**, che sul blog a supporto della sua attività di consulente e docente SEO, blog.tagliaerbe.com, offre articoli ricchi di spunti sempre interessanti e assolutamente aggiornati. Nonostante le teorie, che io leggo (poco) e rielaboro (molto), sono del parere che *"content is the king"*, non si può creare un blog solo sulla base di regole e principi che permettono di indicizzare meglio un articolo, perché se il contenuto non è valido, originale, ben scritto e sensato (per star dietro alle SEO-teorie, spesso alcuni blogger scrivono articoli senza cognizione di causa), nessuno lo apprezzerà ed i motori di ricerca si accorgeranno del breve tempo di permanenza sull'articolo, sintomo di poco interesse, agendo di conseguenza.

1.2 SCRIVI (BENE)

La *conditio sine qua non* per aprire un blog è aver voglia di scrivere e avere di che raccontare. Se il tuo blog si occupa di cucina o di lavoretti, dovrai produrre continuamente nuovo materiale da mettere online. Se non hai ancora iniziato, ti do un consiglio: realizza un po' di contenuti da tenere da parte per i momenti in cui avrai meno tempo o meno ispirazioni. Gli inconvenienti capitano a tutti, così come il blocco dello scrittore. Avendo un po' di materiale da parte, eviterai di abbandonare la programmazione nei momenti in cui non riuscirai a dedicarti alla scrittura. La scrittura. Bell'argomento. Spesso mi capita di leggere sui blog errori di ogni genere. Se sei qui a leggermi, significa che ci tieni a sapere la mia e allora te la dico, ancora una volta fuori dai denti.

Se vuoi fare del blogging la tua professione o, comunque, una fonte di guadagno, occorre innanzitutto che tu **padroneggi la lingua in cui scrivi**. Non puoi permetterti errori, tanto meno "orrori", altrimenti verrai sempre additato come "quello che ha scritto…". I blogger sono cattivi tra loro e fanno in un attimo a mandare ad una decina di colleghi un messaggio o una mail con un link ad un "orrore" di un altro collega. Se per diffondere un buon articolo dovrai impiegare un bel po' del tuo tempo per le condivisioni sui social media, un articolo con un "orrore" diventerà, tuo malgrado, virale nel tempo di una lettura e di un giro di email.

Per ovviare a questi inconvenienti, è necessario che tu scriva i tuoi testi e tu li rilegga con attenzione magari a distanza di un giorno o due. Un refuso viene giustificato a chiunque e si distingue ad occhio nudo da un' "h" di poco o di troppo.

Mi è capitato anche di leggere blogpost confusi e poco chiari. La

rilettura dei testi è fondamentale, ricordati sempre di farla, ma se vedi che il tuo blog non riesce a decollare, chiedi ad un amico fidato, ma critico, di leggere i tuoi articoli, oppure chiedi a me una consulenza: magari hai una scrittura contorta ed i lettori non ti apprezzano. Se hai denaro da investire e sei irremovibile nella tua volontà di diventare un blogger professionista, puoi chiedere ad un blogger, un articolista o un giornalista freelance di revisionare i tuoi testi (o, addirittura, di farti da *ghostwriter*). In questo caso, ricordati che dovrai farlo sempre: un lettore abituale e sveglio si accorge facilmente di un cambio di stile. Se, oltre al blog, hai anche una newsletter, ricordati di farti revisionare anche le newsletter che invii ai tuoi lettori. Se mi piace un blogger, spesso leggo sia i suoi blogpost sia le sue newsletter. Mi raccomando, **se hai qualcuno che revisiona i tuoi blogpost, fai sì che revisioni anche le newsletter e viceversa: tutto ciò che esce a tuo nome deve avere lo stesso stile. Si deve notare che è stato scritto dalla stessa penna.**

Non esiste un tempo fisso da dedicare alla stesura di un articolo: innanzitutto dipende dalla sua lunghezza, ma non solo. A me è capitato varie volte di scrivere in mezz'ora articoli che avevo già chiari in mente da un po', mentre ci sono articoli che ho impiegato molte ore a completare, vuoi perché erano lunghi e complessi, vuoi perché non avevo io chiaro in mente cosa scrivere. Un consiglio? Non premere mai il tasto "pubblica" o quello "programma" se non sei sicuro di quello che hai scritto. Se non piace o non torna a te che ne sei l'autore, come potrà piacere ad un lettore? Ricorda: **la rete non perdona**, quel che è scritto è scritto e non puoi perdere la tua reputazione online per aver dato il via ad una pubblicazione senza averci riflettuto abbastanza. Ma questa è un'altra storia e ne parleremo in seguito.

Ultimo, ma non ultimo: le **foto**. Ne parlo nel paragrafo dedicato alla scrittura perché vanno di pari passo. Un post ben scritto ma con una brutta foto perde il suo fascino. Al contrario, un post con una bella foto di anteprima attrae molti più lettori che un post con una foto di anteprima brutta o addirittura senza foto. Ecco, il post senza foto io lo eviterei proprio. Vuoi attrarre lettori, no? E allora metti sempre almeno una bella foto a corredo dei tuoi articoli. Se ne hai la possibilità, comprati una reflex e segui uno dei tanti corsi di fotografia che si trovano online o che vengono organizzati da gruppi di fotoamatori della tua zona. Basta un'infarinatura di tecnica fotografica ed un po' di fantasia per sperimentare nuovi scatti.

Per la rielaborazione delle foto, in particolare per l'aggiunta di scritte e loghi, ti consiglio l'utilizzo di **Canva**, un programma molto semplice da usare e che dà dei buonissimi risultati.

Se non hai tue foto da utilizzare, prima di lasciare l'articolo senza foto, accedi a quelle pubblicate in modalità *"creative commons"* (che puoi utilizzare, purché tu ne citi l'autore) su **Flickr, Photopin** o uno dei tanti altri siti fotografici.

1.3 FAI NETWORK

Non di solo studio e scrittura è fatto un blog. Dopo che hai scritto e pubblicato un post, infatti, non puoi "abbandonarlo" a se stesso, ma devi farlo conoscere. Per questo, il tuo blog dovrà avere almeno:

- una pagina Facebook;

- un account Twitter;

- un account Google Plus;

- un account Instagram.

Ogni volta che uscirà un tuo nuovo post dovrai anzitutto **condividerlo attraverso questi quattro account**. Dovrai condividerlo cercando di **incuriosire i lettori**. Oltre alla curiosità, che li spingerà a cliccare sull'articolo per leggerlo, dovrai **cercare con loro anche una sorta di interazione**, una *"call to action"*, in inglese: più discussioni riuscirai a creare e più visibilità i tuoi post –e, di conseguenza, il tuo blog– riusciranno ad avere. Ti consiglio anche di **condividere i tuoi post su gruppi Facebook o Google Plus che trattano temi affini a quelli dei tuoi articoli**. Anche qui, a maggior ragione, dovrai essere abile ad instaurare una discussione, che permetta al tuo post di essere letto e di essere spunto per riflessioni e considerazioni, che potranno, per esempio, portare un altro blogger a scrivere sullo stesso tema, magari linkando il tuo post (è una cosa che capita più spesso di quanto non ti immagini). Questo è l'inizio di un **network** con persone che hanno interessi simili a quelli che hai tu e di cui scrivi. Queste persone costituiranno il tuo gruppo di lettori abituali, presenti e futuri. Sono coloro a cui potrai chiedere consigli per i temi da trattare (chi meglio dei tuoi lettori può consigliarti su cosa scrivere?) e che potrai coinvolgere per iniziative on e offline di vario genere. Perché prima che blogger e lettori siamo tutti persone e a tutti fa piacere ritrovarsi in spazi virtuali e fisici per scambiare opinioni su argomenti di interesse comune. I tuoi lettori affezionati saranno i primi a condividere i tuoi articoli ed a far sì che il tuo blog sia sempre più conosciuto, sempre più visibile e riceva un numero di visite sempre maggiore.

Un metodo ancora migliore per fare network attraverso i social media è quello di **partecipare attivamente ai gruppi che trattano gli stessi argomenti del tuo blog**. Sentiti libero di dire sempre la tua opinione e, compatibilmente con la policy del gruppo, di linkare tuoi articoli a supporto delle tue opinioni. In questo modo, oltre ad incrementare le visite al tuo blog, aumenterai anche la tua visibilità e la tua autorevolezza nel settore di cui scrivi e pian piano, accrescendo il tuo *personal branding* (di cui ti parlerò più dettagliatamente in seguito), potrai essere considerato un *influencer*. A quel punto il gioco sarà fatto e aziende e, per loro conto, agenzie di comunicazione, inizieranno a contattarti per coinvolgerti nei loro progetti.

Ma stavamo parlando di network: oltre ai **network con i lettori** non necessariamente blogger, ti consiglio di instaurare delle **relazioni di condivisione e stima reciproca anche con altri blogger**, della tua nicchia e non solo. Anche in questo caso, i luoghi d'incontro più comodi sono i gruppi social a tema. In questi gruppi si chiede, si risponde, si chiacchiera. A volte ti sembrerà di perdere tempo, invece starai solo investendo il tuo tempo. Innanzitutto perché conoscerai persone interessanti da cui potrai sempre imparare; in secondo luogo perché in questi gruppi possono nascere tante opportunità che saranno fondamentali per la tua attività di blogger. Si tratta sia di **opportunità lavorative**, che ti porteranno ad una collaborazione con un'azienda perché spesso questi gruppi sono "osservati" da digital PR di agenzie di comunicazione, sia di **opportunità di network vero e proprio tra blogger**, perché è dallo scambio di idee semplici che possono nascerne di complesse, corpose ed innovative; possono nascere iniziative da sviluppare insieme ad altri blogger di settore che ti daranno sicuramente un picco di visibilità e dei link in entrata verso il tuo blog: il modo migliore per far sì che i motori di ricerca si accorgano dell'esistenza del tuo blog e della specializzazione su un dato argomento. Perché se **il network tra persone è fondamentale per la nascita di nuove idee, il network tra blog è basilare per essere considerati autorevoli da parte dei motori di ricerca**. Del resto, la rete è liquida ed evolve continuamente. Per questo, ti consiglio sempre di inserire nei tuoi articoli link a blog o siti che stimi ed in cui credi, da cui hai ricevuto spunti o che possano essere di approfondimento per i tuoi lettori. Questo costituisce, a mio parere, un gettare le fondamenta per un network fatto di fiducia e stima reciproca, di blog e di blogger che non sono in concorrenza, ma in armoniosa sintonia tra loro.

Mi piace organizzare o prendere parte ad iniziative di networking che coinvolgano altri blogger. Ho iniziato a partecipare o inventare occasioni di networking prima che sapessi che questo faceva bene alla credibilità del mio blog. A maggior ragione lo faccio adesso che conosco i benefici al traffico sul blog proveniente dai motori di ricerca. Ad esempio, agli inizi del 2015 ho avviato la rubrica quindicinale "Pillole di TravelBlogging", che in realtà ha poco di travel e molto di blogging. È una rubrica molto seguita anche da blogger di altri settori (i giovedì delle settimane dispari aspetto anche te) e che mi ha fatto da spunto per la stesura di questo libro, ho, così, intrapreso anche un'iniziativa che ho chiamato "Progetto Insiders". Ogni mese, tramite selezione sulla pagina Facebook di Trippando, scegliamo un tema da trattare riguardo al posto in cui viviamo e ciascuno dei partecipanti racconta il suo paese, la sua città o la zona in cui vive attraverso una particolare realtà come quella gastronomica o quella dedicata allo shopping, o ad altri aspetti originali che solo un abitante può conoscere. In sostanza, tutto ciò che spesso non si riesce a vedere o a sapere da semplici turisti. Alla fine del mese, o agli inizi di quello successivo, io preparo un articolo riassuntivo, una raccolta di tutti gli articoli scritti sul quel tema dagli Insiders. Tutti coloro che partecipano scrivendo della propria città successivamente vanno a leggere anche tutti gli altri articoli: per conoscere nuovi posti, nuove abitudini, ma anche per fare nuove conoscenze. C'è un gruppetto di affezionate (sì, siamo quasi tutte donne), ma a seconda del tema trattato, se è in linea o meno col proprio blog, si aggiungono nuovi blogger, ed è bello conoscere nuove persone e nuovi blog, oltre che curiosità interessanti sulla nostra Italia. Non so perché, ma mi sa che dal prossimo mese anche tu farai parte degli Insiders. Vero?

Essenziale per conoscere e fare network con blogger più esperti di te è l'attività di **guest posting**. Quando avrai scritto un po' di articoli sul tuo blog, proponi ai blogger che segui e stimi di scrivere per il loro blog un guestpost: oltre ad entrare in contatto con blogger che, essendo attivi da più tempo di te, sono più conosciuti e seguiti, potrai farti conoscere da un pubblico più ampio che, mediante un link di approfondimento, potranno visitare il tuo blog e, se interessati, iscriversi alla newsletter o agli aggiornamenti, aggiungere il tuo blog ai preferiti da consultare oppure solo tornare a rileggerti dopo qualche tempo. Il fatto che un blogger stimato e conosciuto del tuo settore ospiti un tuo guestpost sul suo blog ti conferirà autorevolezza: io, per esempio, ospito soltanto guestpost di blogger che cui nutro stima personale e professionale. Inoltre, devono trattare argomenti interessanti per me prima che per i miei lettori. Oltre a ricevere tu l'autorevolezza personale attraverso la stima e la fiducia che ti vengono riconosciuti da un blogger "più vecchio", il tuo blog riceverà un link da un blog più autorevole trattante lo stesso tema. E questo piacerà molto ai motori di ricerca!

1.4 OTTIMIZZA IL TUO TEMPO

Poiché hai comprato questo libro per ricevere dei consigli, considerami una sorella maggiore di quelle un po' "rompi", ma mi sento di metterti in guardia dal cazzeggio: quando scrivi, tieni aperta solo la pagina di lavoro e, proprio se ti sono necessarie, quelle che ti servono per completare il tuo articolo. Soprattutto agli inizi, quando oltre a scrivere per il tuo blog dovrai pensare anche a fare un po' di attività di guest posting, ottimizzare il tempo è essenziale, perché dovrai presenziare molto sui social, dove, a maggior ragione, il rischio di perdita di tempo è elevato. Lì puoi ridurlo limitandoti a frequentare, durante il tempo dedicato alle attività di blogging, soltanto i gruppi interessanti per la tua attività, di cui ti ho parlato sopra.

Sull'ottimizzazione del tempo, ho scoperto da non molto e subito apprezzato il blog TempoSuper, curato da **Davide Rampoldi**. Davide organizza spesso anche dei webinar gratuiti molto interessanti, in cui lui o, più spesso, esperti di settore, insegnano come ottimizzare il tempo durante le varie attività online. Ti consiglio di seguirne almeno alcuni, quelli che ti interessano di più. A proposito di ottimizzazione, io li seguo mentre preparo o carico le foto per i post.

1.5 INVESTI

Fin qui ti ho parlato di investimenti in termine di tempo. In realtà, affinché un blog possa essere professionale e preso in considerazione per collaborazioni, sono necessari anche investimenti in denaro.

- Quello da fare prima possibile –se non hai ancora aperto il tuo blog, fallo nascere già così!– è l'**acquisto di un dominio di secondo livello**, (ovvero .com, .it, .net e così via). I blog ospitati su domini di terzo livello (.wordpress.com, .blogspot.it, ecc.) sono considerati, agli occhi delle aziende, poco professionali. Ve ne sono tuttavia alcuni di terzo livello che portano ottimi introiti e belle collaborazioni ai propri autori, ma si parla di blog nati molti anni fa (in generale, prima del 2010) e che hanno acquisito autorevolezza e visibilità nel corso degli anni. Per questo, il mio primo consiglio è **acquista un dominio di secondo livello**: un investimento di decine d'euro che ti cambierà la vita e ti farà apparire professionale.

- Anche la realizzazione di un **logo** è molto importante: un blog senza logo risulta anonimo; la gente deve pensare al tuo blog e collegarlo ad un'immagine, il tuo logo, appunto. Affidati ad un buon grafico o a qualcuno che abbia fatto un lavoro che ti piace: valuta il suo portfolio, prima di affidargli la responsabilità del logo per il tuo blog. Altrimenti acquistane uno già pronto su 99designs, dove troverai una ricca scelta al prezzo unico e fisso di 79€.

- **Grafica personalizzata**: in linea con quanto detto sopra a proposito

21

del logo, anche una bella grafica, appositamente studiata, toglierà il tuo blog dall'anonimato e lo renderà riconoscibile.

- Adesso hai un logo che rappresenta tu ed il tuo blog. Ti saranno necessari anche dei **biglietti da visita** per quando parteciperai agli eventi o solo per far ricordare ai tuoi amici il nome del tuo blog. Io adoro quelli di MOO: in versione standard o mini, con infinite possibilità di personalizzazione, sono davvero sfiziosi. Se vuoi approfittare dello sconto del 10% sul tuo primo ordine, puoi collegarti al sito a partire da qui: https://www.moo.com/share/25m6g2!

- **Server**: argomento scottante, a cui ho dedicato un post della rubrica Pillole di (Travel)Blogging qualche tempo fa, in seguito ad un accadimento poco carino: la clonazione del blog di un'amica. Quando i tuoi post inizieranno ad essere tanti, non potrai più appoggiarti gratuitamente sul server, per esempio, di Wordpress.com, ma dovrai acquistare spazio hosting. Io mi sono affidata ad un'azienda della mia zona; ma trovi comunque molte opportunità, da più a meno economiche, anche su internet. Il mio consiglio è che tu acquisti, oltre allo spazio dove sai si troverà il tuo blog ed i tuoi articoli, anche l'**assistenza 24 ore su 24**. Più i blog diventano corposi, visibili ed importanti e più avrai il rischio di dover affrontare situazioni spiacevoli, come l'hackeraggio o, addirittura, la clonazione del blog. Sono casi che si verificano più di quanto ci si possa immaginare. Non voglio spaventarti, ma in certi momenti è fondamentale sapere chi contattare, con tanto di indirizzo email e numero di telefono che risponda in ogni momento di qualsiasi giornata.

PARTE SECONDA
VISIBILITÀ ONLINE E PERSONAL BRANDING

2.1 SII TE STESSO (SUL BLOG)

Nel mondo online, e quindi anche nel blogging, conta l'essere, ma anche l'apparire.

Conta, anzi, è necessario, come ti ho mostrato prima, avere degli ottimi contenuti, che, non mi stancherò mai di ripeterlo, devono essere originali e e di ottima qualità. Ma è necessaria anche la forma e questa dovrà, oltre che essere sempre uguale a se stessa, anche rappresentarti: **quando scrivi devi essere te stesso**.

Ti spiego meglio: se ti senti di rivolgerti ad una platea di lettori, usa il "voi"; se invece ti piace di più rivolgerti alla singola persona che ti leggerà, usa il più diretto "tu", ma non usare una volta il "voi" e l'altra il "tu", altrimenti i lettori non ci capiranno più nulla. Puoi invece cambiare stile (voi-tu, non di scrittura!), quando anziché il blog stai scrivendo la newsletter o un manuale. Io, che sul blog mi immagino di avere i manzoniani venticinque lettori e dico sempre "voi", adesso, che sto scrivendo per te che mi stai leggendo, così come ho fatto nel manuale "Sei un blogger? Viaggia sponsorizzato", uso il "tu" ed un tono più colloquiale.

Se stai scrivendo un guestpost, invece, dovrai attenerti alle disposizione del blogger che ti ospita, quindi modulare il tuo registro voi-tu sulla base del suo, così come dovrai seguire i suoi dettami per quanto riguarda la lunghezza dell'articolo, perché quando sei ospite, soprattutto se sei tu ad aver chiesto di esserlo, le regole sono quelle dell'ospitante.

Devi essere te stesso anche per quanto riguarda l'utilizzo di forme dialettali. Io, per esempio, da buona toscana, non riesco a non usarle, ma cerco sempre di contestualizzarle ed i miei lettori sanno che se stanno leggendo "il mi' figliolo" non è perché io non sappia che si dice "mio figlio", ma perché per me quel capino biondo (che mentre voi leggete sarà diventato fratello maggiore) è e sarà sempre e comunque "il mi' figliolo" e lo potrà essere anche davanti al Presidente della Repubblica, se un giorno mi venisse chiesto di presentarglielo. Non a caso, quando incontro di persona qualcuno che conoscevo solo attraverso il blog, la prima cosa che mi viene detto è "sembra di leggerti". Credo che sia un gran bel complimento. O, almeno, così lo è per me: io scrivo come parlo. E viceversa. Il tutto è traducibile con una sola, semplice frase: sono me stessa. Per essere se stessi non serve nulla, a parte la voglia di raccontarsi e di aprire la propria vita, le proprie esperienze e avventure ai lettori. Ma se non hai voglia di raccontarti, perché mai hai aperto un blog?

Trovo sia un controsenso, per esempio, aprire un blog ma voler mantenere l'anonimato. Con una persona che non ci mette la faccia non ci tiene nessuno a lavorare.

E, raccontare per raccontare, vuoi mettere **raccontare la tua storia** e rendere partecipi i lettori della tua vita rispetto ad inventarti la vita patinata di qualcun altro?

Ma parlavamo di dialetti… è spiazzante trovare una forma dialettale sparata nel bel mezzo di un discorso forbito: se non è virgolettata o in corsivo dà veramente l'idea che il blogger che l'ha scritta non conosca il corrispondente termine italiano. È capitato anche a te di ritrovartene una davanti?

…e poi ci sono gli aneddoti, le storie, quello che in gergo si chiama lo *storytelling*. Ciò che distingue un blog da un sito "impersonale" è proprio lo *storytelling*, il racconto, spesso personale, l'esperienza diretta raccontata come se fosse una chiacchierata tra amici davanti ad una tazzina di caffè. Se vuoi approfondire l'argomento, ti invito a leggere una bella Pillola di TravelBlogging che ci ha regalato **Patrizia Soffiati** su Trippando. Se il raccontare l'arte del racconto da parte di Patrizia ti piace, puoi seguirla sul blog storytellingita.tumblr.com oppure in aula frequentando uno dei suoi corsi di storytelling.

Per quanto mi riguarda, invece, quando scrivo un articolo sul blog, mi viene spontaneo raccontare, introdurre, contestualizzare. Io racconto le mie esperienze, non scrivo teorie. Sai quanti blog che sono, di fatto, dei diari online, hanno successo? E sai invece quanta gente c'è che di un articolo freddo, scritto e messo lì, non gliene frega nulla? Anzi, non è che non gliene frega e passa oltre: dice proprio che non serve a nulla. Per conoscere ciò che avviene c'è il sito dell'ANSA. Se invece uno ci tiene a conoscere i commenti ad una certa notizia, legge il parere di un giornalista. Ti sei mai chiesto perché l'ANSA è una e i giornali sono tanti? Semplice: una notizia, quella è e quella resta, mentre le sue interpretazioni possono essere molte.

Le persone vogliono leggere una storia. Una storia a cui appassionarsi o una storia in cui curiosare. E non deve essere UNA storia ma **LA TUA storia**. Capito?

2.2 SII TE STESSO (SUI SOCIAL)

Te l'ho detto poco fa: la gente su un blog vuole leggere storie. Ma non storie inventate, bensì la tua storia. Così come ti racconti sul blog, devi raccontarti anche sui social.

Ovvio che nessuno ci tiene a sapere quante volte ti lavi i denti, a meno che il tuo blog non riguardi l'igiene orale, ma in linea di massima quello che mostri sui social deve essere quello che accade realmente nella tua vita.

2.3 COME SONO I BIG

Poiché credo che ciascuno di noi abbia un livello di pudore o di sfrontatezza diverso da ciascun altro, non mi sento di dirti cosa devi o non devi scrivere o fotografare, ma **ti invito a seguire ed osservare dei profili di blogger che sono in realtà dei personaggi famosi e noti al grande pubblico.**

2.4 SONIA PERONACI

La prima che voglio proporti non la conosco personalmente: lei è una delle più famose foodblogger d'Italia: **Sonia Peronaci**, creatrice di **GialloZafferano**.

La sua fanpage personale su Facebook è https://www.facebook.com/SoniaPeronaciLive e il suo account Instagram è https://instagram.com/soniaperonaci/. Cosa traspare di lei dai suoi aggiornamenti social? Mentre tu ci pensi, ti dico cosa sembra a me.

È una donna che si alza la mattina e va a lavorare; il suo lavoro è all'interno di uno studio televisivo, dove lei ed il suo gruppo di aiutanti cucinano.

E cosa fa la maggior parte delle donne italiane? Va a lavorare e, quando rientra a casa, cucina. Magari dopo aver cercato una ricetta su internet e averla letta proprio su GialloZafferano. Quindi ogni donna che cucina può ritrovarsi rappresentata in lei, no?

Sonia è una donna che cucina e che condivide sui suoi canali social foto e ricette.

Siamo in molte, mi includo tra quelle, che quando realizzano un piatto ben fatto, lo fotografano e lo postano sui social. Anche in questo, il messaggio che passa è che Sonia è una donna normale.

Sonia ha delle figlie piuttosto grandi: quando esce con loro, le capita di postare le buste dello shopping.

Lo fanno in tante, no? Sonia è come noi.

Sonia ogni tanto, soprattutto nel fine settimana, va a cena fuori e condivide le foto della sua cena.

Chi non lo fa?

Sonia va in vacanza. E, prima di partire, chiede ai suoi fan consigli su cosa vedere e gustare nel suo luogo di villeggiatura.

Anche quella è una cosa che facciamo in molti. La differenza? La quantità di consigli che riceve lei, dato il numero elevatissimo di persone che la segue, è esponenzialmente maggiore rispetto a ciò che può ricevere una persona non così conosciuta e seguita.

Non conoscendola di persona, non ti posso dire se lei è così o no, ma posso dirti che **il suo personaggio, ciò che appare, è molto realistico: una persona vera, reale, assolutamente non diva.**

Seguendola sui social posso dirti anche che leggo le sue ricette con estrema fiducia, perché è una **donna rassicurante**, una **figura materna molto vera**, che quando racconta che è pronta per le riprese dopo il trucco ed il parrucco, lo fa con un tono da cui traspare che lei avrebbe preferito evitare quel passaggio, che invece costituisce una parte inesorabile del suo lavoro.

2.5 SPORA

Veronica Benini, detta la **Spora**, è un personaggio noto per lo più al pubblico femminile. Se non la conosci, ti invito a leggere la sua bio sul suo **Sporablog**, perché prima di poter dire anche solo una parola su di lei, devi conoscere la sua storia. Adesso è una che spacca il mondo, che ha la testa piena idee che riesce a mettere in pratica splendidamente; la sua casa è il suo furgone Lucio, dove vive insieme al bel fidanzato argentino. La Spora è "quella dei tacchi", colei che, con la scusa di insegnare (gratuitamente, grazie al supporto di sponsor) alle donne a camminare sui tacchi, infonde loro sostanziose dosi di autostima.

Leggo il blog di Veronica da diversi anni, ormai, e la seguo sia sulla sua pagina Facebook (https://www.facebook.com/sporablog) che sul suo profilo Instagram (https://instagram.com/spora/), anche se l'ho conosciuta di persona soltanto questa primavera, in occasione di un evento della sua associazione **StilettoAcademy**. Mentre tu inizi a studiarla, io ti racconto di lei e del suo essere on e offline.

Seguire la Spora sui social e sul suo blog è come vivere degli spezzoni della sua vita: lei scrive come parla e come pensa; scrive quando può, senza doveri di regolarità: non perché "ormai è la Spora" e quindi può anche tirarsela, ma perché, come ha dichiarato tempo fa, scrive solo quando ha tempo. È stato bellissimo seguire le sue avventure amorose e lavorative durante l'inverno 2014/2015: il nascere di una storia d'amore, un lavoro assolutamente inventato, quello di venditrice ambulante di pecaditos, e anni luce lontano sia dai suoi studi (è un'architetta) sia dalla scuola di tacchi.

La Spora è sorprendente; a volte sembra volubile. Anche sui social, la sua presenza non è costante, ma, soprattutto, non è programmata. Trasuda ovunque il suo vivere alla giornata, ma anche il grande impegno che mette nel suo lavoro ed il grande amore per il suo fidanzato.

Sembra che ti stia raccontando una telenovela argentina, vero? Veronica è italo-argentina: sicuramente il suo lato passionale è prevalente, almeno in questa fase della sua vita ed il suo motto "se non ci provi non lo scoprirai mai" la rappresenta a pieno.

2.6 IRIS TINUNIN

Ho conosciuto **Iris Tinunin** nella stessa occasione in cui ho incontrato la Spora. In qualità di blogger, entrambe eravamo parte della giuria che avrebbe decretato la migliore sfilata sui tacchi durante una tappa del tour 2015 della Stiletto Academy. Essendo vicine di poltrona, abbiamo avuto modo di chiacchierare e questa ragazza così giovane, così dolce, così matura e così stilosa mi è piaciuta tantissimo.

Da lì, ho iniziato a seguirla anche sui social: sulla Pagina Facebook (https://www.facebook.com/stylosophique) relativa al suo blog, **Stylosophique**, un bel mix di moda e lifestyle con una trasudante passione per i viaggi, e sul suo account Instagram (https://instagram.com/iristinunin/).

Ma com'è Iris nella vita e com'è sui social?

Naturalmente stilosa, l'ho già detto. Ha una grazia innata ed un volto da cinema. La sua bellezza è un po' antica, romantica. Le sue foto trasudano dolcezza.

Iris è una donna orgogliosamente curvy, una che vive bene con se stessa, che si apprezza e si ama per come è, al di là delle mode che ci impongono il culto della magrezza come requisito necessario alla bellezza. Questo suo affrontare la vita con positività traspare dalle sue immagini e dalle didascalie che la accompagnano, sempre così semplicemente sofisticata.

È una matura ragazza di venticinque anni che, con un ricco bagaglio culturale umanistico, ha fatto della sua passione —la moda— un lavoro, dell'essere formosa una risorsa e del suo sorriso il biglietto da visita più bello. Proprio nei giorni in cui uscirà questo libro, lei sarà in tour, come testimonial di una grande casa di moda italiana.

Vedere Iris sui social è come vederla di persona, sentirla parlare, solare ed elegante al tempo stesso.

Non so se appare anche a voi, ma, vedendo Iris attraverso i social sono proprio questi due gli aggettivi con cui la definirei: solare ed elegante. Gli stessi che avrei usato per definirla dopo un pomeriggio trascorso fianco a fianco.

2.7 CLAUDIA PORTA

Claudia Porta è una delle mamme blogger più conosciute ed amate d'Italia. Il suo blog, **La Casa Nella Prateria**, nato come diario quando Claudia si è trasferita ad abitare con la famiglia in Provenza, è adesso uno dei blog di riferimento per le mamme italiane.

Claudia è insegnante di yoga e autrice di tre libri sui bambini e sul rapporto tra madre e bimbi ed è una delle mamme blogger più influenti quando si parla di metodo Montessori e di yoga con i bambini.

Non conosco Claudia personalmente, per cui non sono in grado di dirti se quello che traspare dai social rappresenti la realtà. Quello di cui sono certa è che non ci potrebbe essere un nome più azzeccato per il suo blog.

Le sue foto, pubblicate sulla pagina Facebook (https://www.facebook.com/La-Casa-Nella-Prateria-169534601108/timeline/) e sul suo profilo Instagram (https://instagram.com/claudia_porta/) mostrano, immersa in uno scenario da favola, una donna serena, rilassata, che ama i suoi e figli e che è adorata da loro.

Le foto di Claudia mostrano sempre paesaggi affascinanti. Ma Claudia è anche un'abile crafter, che spesso dona alle sue lettrici dei tutorial su come realizzare con stoffe di recupero o di scarto dei nuovi indumenti o accessori che acquistano una nuova vita.

Gli scatti che mostrano i particolari delle sue creazioni sono sempre di buon gusto ed hanno una luce che, agli occhi di chi la segue da un po', è il suo marchio di fabbrica. Una luce calda, che ricorda proprio il luogo in cui lei vive. Sì, sembra davvero di essere in una prateria.

Hai presente la serenità e, al tempo stesso, la carica che ti senti addosso, seppur

stanco, dopo aver fatto un'ora di yoga? Ecco, quando leggi il blog di Claudia o guardi le
sue foto hai le stesse sensazioni: ti sembra di essere lì con lei, nella sua casa nella prateria.

2.8 ALESSANDRO MARRAS

Finalmente un uomo! Nel mondo del blogging, la percentuale maschile è decisamente inferiore rispetto a quella femminile. **Alessandro Marras** è uno dei pochi uomini del blogging italiano.

Nasce come vlogger (video blogger) di viaggi, con il canale youtube I Viaggi di Ale, cui da poco ha affiancato anche il blog, che si chiama sempre **I Viaggi di Ale**.

I suoi video sono estremamente piacevoli, perché Alessandro ha una maniera di raccontare molto empatica ed il mix di immagini e parole è sempre ben riuscito.

Seguivo già Alessandro ed i suoi video quando l'ho conosciuto, all'Italian Travel Blogger Meeting del 2014, dove io ho tenuto un seminario sui viaggi con i bambini (le cui slides puoi trovare qui: http://www.slideshare.net/trippando/e-tu-che-genitore-in-viaggio-sei) e lui era presente in qualità di Ambasciatore di una compagnia area emergente.

Ale e la sua telecamera sono, ormai, un tutt'uno: la telecamera è un'appendice della sua mano e lui fa riprese naturalmente, mentre parla o beve un caffè, in maniera simpatica e poco invadente.

La pagina Facebook de I viaggi di Ale (https://www.facebook.com/I-Viaggi-di-Ale-181717445184293/) e l'account Instagram di Alessandro Marras (https://instagram.com/alessandromarras/) sono lo specchio della sua vita: viaggi, viaggi e ancora viaggi.

Alessandro viaggia pressoché ininterrottamente e, quando non viaggia, si dedica al montaggio dei suoi video. La sua pagina Facebook è un'alternarsi di foto in diretta dai suoi viaggi e dei video che crea al suo ritorno.

Il suo account Instagram è il ritratto della felicità: sempre sorridente ed in posti da favola.

Non conoscendolo, potrebbero sembrare sorrisi e pose forzate. Invece lui è proprio così: sempre col sorriso rivolto verso un obiettivo, con la voglia di vivere e di scoprire che gli trasuda da ogni poro.

Alessandro è un ragazzo che grazie all'entusiasmo ed a una buona dose di talento è riuscito a fare il lavoro che tanti sognano: girare il mondo divertendosi.

2.9 SE LORO SON COSÌ...

Ritengo significativi questi esempi, sono persone per le quali la vita reale e quella virtuale sono tutt'uno: l'apparire non è altro che l'essere visto allo specchio. Senza invadenze. Senza raccontare quante volte si lavano i denti.

Osservali. Seguili. Segui altri grandi blogger. Studiali. Non li copiare, perché tu sei tu ed hai le tue peculiarità per le quali a tua volta sei seguito ed apprezzato, anche se da un pubblico meno vasto.

Sii te stesso. Sono certa che i tuoi lettori e seguaci sapranno apprezzarti per come sei.

2.10 E TU? FAI ATTENZIONE

Ma cos'è il *personal branding*? Né più né meno che quello di cui ti ho parlato nei paragrafi precedenti: il *personal branding* è come tu appari ai tuoi lettori e seguaci, sia attraverso il blog sia attraverso i social media.

Il modo più semplice per ben apparire è semplicemente essere se stessi. Sii te stesso. Sia sul blog che sui social, ma stai attento agli scivoloni, alle cadute di stile.

Ai lettori che ti scrivono o contattano attraverso i social network, rispondi sempre, con educazione e tempestività.

Può capitare che qualcuno critichi qualcosa di ciò che hai scritto. Sii elegante nelle tue risposte e, soprattutto, cerca di ribaltare la situazione in tuo favore, facendo notare qualcosa di positivo.

Rispondi sempre anche a chi ti scrive via email o tramite il form contatti del blog. Sii disponibile nel dare le informazioni che ti vengono chieste: il contatto diretto con i lettori è fondamentale e ricorda che non c'è mai una seconda possibilità per fare una buona prima impressione!

Rispondi in tempi rapidi, facendo vedere che per te i tuoi lettori sono **fondamentali** e cerca di essere esaustivo. Se non hai molto tempo, magari scrivi una mail interlocutoria in cui chiedi maggiori dettagli. Se non riesci a rispondere nel giro di qualche ora, al massimo di una giornata, scusati sempre per non essere stato pronto nella risposta.

Oltre a questo, per "fai attenzione" io intendo anche altro, ovvero, almeno che tu non te ne occupi direttamente sul blog, non entrare in discussioni di natura politica, religiosa o razziale. Né sul blog, né sui social, in particolare su ciò che è correlato con il tuo blog (ma anche sul tuo profilo personale limitati). Tutti senza distinzione di razza, religione o credo politico, ti possono leggere e possono trovare spunti interessanti o indicazioni utili sul tuo blog. Scrivendo un'affermazione, anche ambigua, non solo avversa, nei confronti di una comunità o di un gruppo, ti chiuderesti nei confronti di quella cerchia di persone che non ti leggerebbero più.

PARTE TERZA
LA MONETIZZAZIONE

3.1 ASPETTA

Fin qui ti ho mostrato cosa devi fare perché il tuo blog sia professionale. Quando lo sarà, potrai passare alla fase guadagno: la monetizzazione.

A me le prime richieste di collaborazione sono piovute addosso quando ancora non me le aspettavo. Ma io, all'epoca, ero assolutamente digiuna di blogging e non avevo cognizione del fatto che il blog fosse - nel bene e nel male - una vetrina. Esatto: **il blog è una vetrina**. Anzi, **la tua vetrina** che riflette come sai scrivere e fotografare, come racconti la tua vita e la tua commistione tra blog e realtà sui social media. Mentre tu lavori a scrivere articoli per il tuo blog e a curare il tuo *personal branding* sui social network, c'è chi ti segue e chi ti studia. Agli inizi mi faceva strano essere contattata da dipendenti di agenzie di PR che sapevano vita, morte e miracoli sul mio conto solo perché "mi seguivano da un po'". A volte sapevano cose che magari non sa neanche mia madre che mi vede tutti i giorni ma non va su internet.

Io ho iniziato e continuato per i primi nove mesi con un dominio di terzo livello ed un anonimo (ma eccentrico, forse), *template* arancione. Però gli articoli erano di buona fattura e qualità, io sono sempre stata una "peperina" che sui social si è sempre fatta notare e questo ha portato i suoi frutti spontaneamente: le prime richieste di collaborazione, più o meno a distanza di otto mesi dall'avvio del blog.

Se tu, oltre a fare un buon lavoro parti con dominio di secondo livello e con un logo, vedrai che i tempi ti si accorceranno e che già dopo quattro/cinque mesi potrai iniziare a ricevere qualche contatto. Considera che un blog è ritenuto "affidabile" se aggiornato regolarmente con contenuti di qualità da almeno sei mesi. Allo scoccare del sesto mese, se il blog è ancora online, gli aggiornamenti sono costanti e ad articoli di qualità sul blog corrisponde una vita social attiva, puoi iniziare a considerarti un blogger. Naturalmente arriveranno i primi contatti e poi da cosa nasce cosa.

Uso il termine "naturalmente" e ho intitolato questo paragrafo "aspetta" perché secondo me **prima del compimento dei sei mesi di blogging non ti conviene proporti**: bruceresti il tuo nome, passeresti per quello che vuole tutto e subito e le aziende o agenzie di PR che avrai contattato nel frattempo, ti avranno messo sul "libro nero", così da evitarti anche in seguito.

È molto più facile, invece, riprendere e mantenere contatti con aziende e agenzie di PR con cui hai già collaborato. Anzi, se fai un buon lavoro, spesso sono loro a ricontattarti e tutto scorre facilmente.

Se pensi alle possibilità lavorative che ti offre il tuo blog, cosa ti viene in mente? Continua a leggere, perché le opportunità sono davvero tante.

3.2 BANNER

Sono quelli più evidenti, ma anche quelli da cui riesci a guadagnare qualcosina solo quando il numero di visitatori del tuo blog inizia a diventare davvero alto.

Se hai un dominio di secondo livello (su quelli di terzo non è possibile), puoi inserire i **Google Adsense**, ovvero gli annunci di Google. Sono semplici da gestire, ma il ricavato mensile è davvero scarso se sei al di sotto delle 100.000 pagine lette (*pageview*) al mese. Perché i Google Adsense ti rendano al meglio, occorre che tu impieghi molto tempo ad eliminare gli annunci che non sono contestuali con le pagine del tuo blog perché la remunerazione che ti danno i Google Adsense è un mix che ti arriva in minima parte da quante volte è stato visto l'annuncio ed in parte maggiore dai click che l'annuncio ha ricevuto. È ovvio che, soprattutto il lettore che approda sul tuo blog dai motori di ricerca, potrà cliccare su di un annuncio pubblicitario solo se questo è attinente a quanto stava cercando, altrimenti lo ignora.

Mentre i Google Adsense può metterli chiunque su qualunque dominio di secondo livello, altri tipi di banner possono esserti proposti oppure puoi tu proporli.

Ti faccio un esempio: se un tuo articolo è al primo posto su Google (parlo sempre di "motori di ricerca", ma penso comunque a lui: Google!) per la ricerca "come smacchiare una camicia", tu potrai –se non lo faranno prima loro – contattare le aziende che vendono gli smacchiatori che tu usi e che ritieni dei buoni prodotti e proporre loro l'inserimento di un banner su quella pagina. Se una di queste aziende accetterà, dovrete parlare di prezzi. **Forfait, CPC o CPM?** Tu sai i tuoi numeri e tu sai come si comportano i tuoi lettori (ovvero se sono dei "cliccatori" o no).

Il **forfait** è decisamente ciò che a te più conviene, sia se i tuoi numeri non sono altissimi ma hai una buona visibilità e credibilità online sia, a maggior ragione, se sei considerato uno dei migliori della tua nicchia. Con una tariffa mensile o annuale farai pagare all'azienda non solo la **visibilità** che le offri, ma anche il **cobranding**, ovvero l'abbinare il tuo marchio, quello del tuo blog - forte perché sei bravo a fare *personal branding* - al marchio di quell'azienda. È ovvio che tu dovrai essere il primo a credere in quell'azienda, altrimenti che senso avrebbe consigliarla ai tuoi lettori?

CPC significa **Cost Per Click**, ovvero ti viene riconosciuta una cifra per ogni volta che un tuo lettore clicca sul banner ed approda sul sito dello sponsor. Il CPC ti conviene se sai che i tuoi lettori sono dei buoni "cliccatori", altrimenti lascia perdere, perché, in pratica, regalerai visibilità ad un'azienda.

CPM significa invece **Cost Per Mille**, ovvero ogni mille volte che il banner viene visualizzato, a te viene riconosciuta una somma. Se sei agli inizi ma i tuoi numeri sono discreti (30-70.000 pagine lette al mese), questo metodo può convenirti. Ovviamente dovrai dimostrare le visualizzazioni tramite le Google Analytics, infatti un blog che voglia essere considerato professionale deve avere installate le Google Analytics, tramite cui poter sempre mostrare i propri numeri a chi ne fa richiesta, altrimenti il pagamento non può essere effettuato.

3.3 BLOGPOST

Se sei agli inizi, forse stenterai a crederci: verrà il giorno in cui qualcuno ti pagherà per fare la cosa che più ti piace: scrivere. Scrivere sia post per il tuo blog sia post per siti o portali del tuo settore.

3.3.1 Post per il tuo blog

Quando ti verrà chiesto di scrivere un post per il tuo blog, succederà perché un'azienda, o un'agenzia di PR per suo conto, vorrà che tu parli, all'interno di un tuo articolo, di un dato prodotto che, con ogni probabilità, ti verrà chiesto di testare e/o linkare.

Anche qui, fai attenzione: per prima cosa, fai capire sempre ai tuoi lettori mediante una dicitura, un tag o, più semplicemente, una frase all'interno dell'articolo che stai parlando di quel prodotto perché ti è stato chiesto.

In secondo luogo, scrivi solo di prodotti che conosci ed in cui credi. Non perdere la tua faccia, la tua reputazione, il tuo *personal branding* che tanto tempo hai impiegato a costruire, per qualche decina o centinaia di euro.

Ti può pure venire chiesto di ospitare articoli scritti da altri, su un determinato argomento e con un apposito link in uscita. Oltre ai due consigli che ti ho dato sopra, da tener sempre presente, in questo caso considera di accettare solo se il tuo blog ospita periodicamente guestpost oppure se hai alcuni coblogger. Se l'unico autore del tuo blog sei tu - e sei sempre stato tu - ti consiglio di rifiutare l'offerta, ma magari di proporti come autore di un post sullo stesso argomento: i tuoi lettori potrebbero non gradire un articolo scritto da qualcun altro e tu perderesti visitatori, anche affezionati, a fronte di un guadagno. Allo stesso modo, sentiti tranquillamente libero di rimandare indietro articoli che non ti piacciono o che trovi scritti male oppure incompleti. Meglio un guadagno perso che una brutta figura di fronte ai lettori.

Riguardo il guadagno in sé, inizialmente senti la proposta di chi ti offre l'ingaggio. Quindi rilancia. Sempre. A volte mi è sembrato di essere al mercato delle vacche, ma anni di esperienza mi hanno insegnato che chi ti contatta ha un budget e ti propone sempre il 60-70% di quanto potrebbe offrirti. Ovviamente se sai che nemmeno raddoppiando puoi raggiungere le cifre che tu vali, non trattare nemmeno e rifiuta. Ma quali cifre vali? Bella domanda, no? Il valore economico di un articolo sul tuo blog è dato da una sommatoria che comprende:

- il tuo **tempo**: quello che impieghi per scrivere il post e selezionare, elaborare e aggiungere le foto, oppure, se ti viene mandato già pronto, quello che impieghi per caricare testo e foto (la pubblicazione di un articolo scritto da altri ti farà, quindi, guadagnare un po' meno di un articolo che dovrai scrivere di tuo pugno).

- il tuo *personal branding*, ovvero la visibilità che potrai garantire all'articolo mediante le condivisioni sui tuoi account social, sui vari gruppi, ecc. Più sarai considerato autorevole nel tuo campo e più questo fattore sarà pesante nella determinazione del valore di un articolo pubblicato sul tuo blog.

Quando sarai più allenato e avrai trovato "la tua tariffa" (vedrai che, a seconda delle visite del tuo blog, del periodo di tempo da quando il tuo blog è online e del tuo *personal branding* si stabilizzerà per alcuni mesi, per poi riprendere periodicamente a crescere), potrai stabilire delle cifre fisse e chiedere direttamente quelle, in modalità "prendere o lasciare" oppure con un minimo margine di trattativa, che per me vuol dire sempre l'offerta di sconto a fronte di un pacchetto di articoli, così da accontentare il committente che spenderà meno, e ottenere più lavoro, quindi, maggiori entrate. Man mano che il tuo blog farà dei salti di visite, magari in corrispondenza con l'uscita e l'indicizzazione di un articolo che ottiene molte condivisioni social e raggiunge i primi posti sui motori di ricerca, potrai incrementare le tue tariffe. Tuttavia, spesso, soprattutto le agenzie di PR, hanno dei tetti di budget oltre i quali non possono salire, per cui ad un incremento esponenziale di visitatori potrà non corrispondere un incremento esponenziale di guadagni. Almeno per quanto riguarda la redazione e pubblicazione di articoli sul tuo blog.

3.3.2 Post per portali di settore

Man mano che il tuo nome e quello del tuo blog diventeranno autorevoli, ti verrà chiesto anche di scrivere per portali del tuo settore: sarai considerato una persona autorevole in materia, un *influencer* e le aziende ti pagheranno per avere un articolo con la tua firma sul loro blog aziendale. Ma per cosa pagheranno e per cosa dovrai farti pagare?

Per il tuo tempo e per il tuo valore: quello del tuo nome e del nome del tuo blog, oltre al valore dei tuoi account social, dove andrai a condividere il tuo post, mostrando alle altre aziende, il tuo bell'articolo.

Grossomodo per redigere di un articolo per un portale di settore io chiedo un 25-30% in meno rispetto alla cifra chiesta per la redazione e pubblicazione di un post pubblicitario sul mio blog. Questo per darti un'idea della mia stima; poi è ovvio che tu sceglierai sulla base dei tuoi criteri e dei tuoi interessi.

3.4 LIBRI ED EBOOK

Ultimamente, molti blogger stanno diventando anche autori di libri e/o ebook. Io stessa, con questa guida, ne sono un esempio. Credo che il libro, o l'ebook, o entrambi, siano la normale evoluzione del blogging. A volte capita di scrivere articoli così lunghi che viene da pensare "lo ampliassi ancora un po', potrei scriverci un libro". È così, in particolare per gli ebook, che a fronte di prezzi piuttosto bassi, offrono prodotti che sono veramente poco più lunghi di un articolo lungo.

Come blogger - e come blogger affermato - tu hai una possibilità in più rispetto a quella di un autore esordiente: tu hai già il tuo pubblico, i tuoi lettori, che se ti leggono con regolarità sul blog, perché non dovrebbero comprare un tuo libro o ebook, che magari tratta argomenti affini a ciò di cui tu scrivi?

Nel momento in cui l'idea del tuo libro è chiara dentro di te e sei pronto per scrivere, fermati a riflettere, perché davanti a te avrai un bivio: **editoria classica (su cartaceo o digitale) oppure autopubblicazione?**

Nel primo caso avrai di nuovo due possibilità: proporre agli editori che trattano i tuoi temi il tuo progetto di libro oppure mandare loro direttamente il tuo manoscritto. In entrambi i casi, se l'editore deciderà di investire su di te, ti verrà affiancato un editor.

Nel caso dell'autopubblicazione, tu sarai l'editore di te stesso, per cui dovrai provvedere da solo a procurarti un editor freelance che revisioni il tuo testo.

Se sceglierai, come ho fatto io per questa guida, la strada dell'autopubblicazione, dovrai pensare, in anticipo, anche all'autopromozione, perché al di là dei lettori del tuo blog che saranno potenziali acquirenti, dovrai far conoscere il tuo libro ad un pubblico più ampio, sia on che offline.

Se vuoi informarti sulle strade ancora poco battute dell'autopubblicazione e, in particolare, dell'autopromozione, ti consiglio due testi di Emanuele Properzi: l'ebook gratuito "109 segreti per promuovere alla grande il tuo libro" e la sua naturale continuazione, il corso in nove moduli "Bestseller Course".

3.5 INFOPRODOTTI

Gli infoprodotti sono il pane degli internet marketers. Si tratta di guide, libri, manuali, a volte comprensivi di registrazioni audio o video che vengono venduti direttamente dal sito e/o dal blog dell'autore. Hanno un costo decisamente superiore rispetto ai libri perché trasmettono un *knowhow* notevole: in un infoprodotto l'autore mette nero su bianco, spesso con estrema semplicità e chiarezza, concetti e nozioni piuttosto complesse, che lui ha appreso nel corso del tempo e attraverso studi approfonditi.

Anch'io mi sono cimentata nella realizzazione di un infoprodotto, il manuale "Sei un blogger? Viaggia sponsorizzato!", di cui ti parlerò in seguito per un altro motivo e di cui, fin da ora, ti invito a scaricare gratuitamente l'introduzione. Alla luce di quest'esperienza personale, posso dirti che con gli infoprodotti puoi guadagnare bene. Decisamente bene se sei conosciuto per il tuo blog.

3.6 PRESENZA E PARTECIPAZIONE AD EVENTI

Tra le possibilità di monetizzazione che hai come blogger, occorre che tu tenga presente anche la partecipazione agli eventi a cui verrai invitato.

Non sarà semplice, soprattutto all'inizio, distinguere tra gli eventi per i quali potrai ricevere un compenso e quelli, invece, in cui potrai partecipare ma gratuitamente.

Quando ti viene chiesto un impegno di *live posting* sui social, ovvero raccontare in tempo reale quello che stai vivendo attraverso i centoquaranta caratteri di Twitter o le immagini di Instagram e ti viene assegnato un *hashtag* (parolina magica da utilizzare sui social col # davanti), si tratta di un evento per il quale ti viene offerto o puoi chiedere un compenso, che poi starà a te concordare. Potrà essere un rimborso delle spese di viaggio, un gettone presenza, oppure una retribuzione vera e propria, contrattata a fronte di un lavoro ben preciso a livello di numero di aggiornamenti social e di articoli sul tuo blog.

Quando invece sei invitato e viene richiesta soltanto la tua presenza, allora con ogni probabilità si tratta di un evento per il quale non sono previsti indennizzi di partecipazione per i blogger, a meno che non si tratti di blog star o di blogger invitati per relazionare su alcuni argomenti, ma di questo te ne parlerò tra poco.

Tuttavia, il confine è sottile e labile. Spesso capita di partecipare ad eventi in cui un blogger è pagato ed un altro no; uno è pagato molto e ad un altro è stato concesso solo il rimborso delle spese di viaggio. Il più delle volte non dipende dalla malafede di chi organizza, ma da una lista di priorità. Ovvero ci sono blogger cui l'organizzatore non vuol rinunciare ed altri che invece sono meno indispensabili per la riuscita dell'evento. Ed il tutto deve rientrare all'interno di un budget prestabilito.

Vuoi un consiglio? Valuta di caso in caso se per te vale la pena partecipare o no. E ricorda che spesso gli eventi sono ottime occasioni di contatto con le aziende e di network tra blogger.

3.7 CORSI, SEMINARI E LEZIONI

Non soltanto i professori tengono corsi, seminari e lezioni. Può capitare anche ai blogger di essere invitati a parlare a conferenze, meeting, fiere, convegni e, perché no, all'università.

Man mano che acquisirai esperienza ed autorevolezza nel tuo settore, potrà capitare anche a te.

Alcune volte ti verrà proposto un compenso; altre ti sarà detto che non c'è budget. Considera, di volta in volta, la realtà che ti propone l'intervento.

Se la strada dei corsi e delle lezioni può interessarti, all'inizio dovrai fare un po' di esperienza: il *public speaking* non è scontato e a volte è meglio aver fatto un po' di esperienza a qualche fiera di paese davanti a venti persone inesperte piuttosto che ritrovarsi direttamente catapultati di fronte ad un centinaio di universitari pronti a trovarti in difetto.

Supporta sempre il tuo lavoro con delle *slides* e/o dei video. Poche parole e molte immagini, perché la platea dovrà ascoltare te, non perdersi a leggere ciò che tu proietti.

Prova qualche volta il tuo intervento a voce alta, ma poi buttati. Quando padroneggi l'argomento —e se tu non fossi un esperto non saresti lì a parlare— le parole vengono da sole.

3.8 AFFILIAZIONI

Ti parlo solo adesso delle affiliazioni perché secondo me sono tra le ultime attività di guadagno per un blogger che compaiono a livello temporale. O, almeno, così è stato per me. Le affiliazioni non sono altro che commissioni ricevute su di una vendita. Ovviamente sulla vendita di un prodotto connesso con il tema di cui tratta il tuo blog. Si tratta di commissioni anche importanti, ma non so cosa possa succedere sul tuo blog: sul mio i lettori o sono gli onnivori abituali che leggono tutto e non si perdono un articolo, per passione e per curiosità, oppure sono lettori che vogliono approfondire un dato argomento, che passano da una pagina all'altra (non te l'ho ancora detto, apri bene le orecchie: i link interni tra diverse pagine o articoli del tuo blog sono fondamentali!), che spulciano gli articoli di loro interesse e poi se ne vanno. Almeno per la mia esperienza ed il mio settore, **far comprare qualcosa ad un lettore attraverso un blog è molto difficile**. È un'abitudine tipica degli italiani, che fanno pochi acquisti online e che li fanno da quella manciata di siti che ormai hanno conquistato la loro fiducia. All'estero i lettori hanno piacere ad acquistare attraverso i blog che leggono abitualmente. Del resto, il blog è gratuito: vai, leggi, ricevi informazioni, stampi le pagine, prendi appunti e tante grazie. **Acquistare un prodotto attraverso un blog piuttosto che direttamente, allo stesso prezzo, è secondo me, un atto di affetto e di riconoscenza nei confronti di chi ti offre quotidianamente dei consigli**. Non trovi?

Il problema, per il pubblico italiano, è che se tu metti un'affiliazione e proponi l'acquisto di un prodotto di cui hai parlato in un articolo, proprio in fondo a quell'articolo, il tuo blog viene additato come un blog commerciale e tu come un vile mercante. Nell'immaginario comune da italiano medio, il blogger è tipicamente un mantenuto, un idealista, un bamboccione. La gente non sa che **dietro ad un blog professionale ci sono anche tante spese** e ai blogger farebbe davvero piacere ricevere, a mo', proprio, di "contributo spese", una percentuale di vendita.

Dicevo delle affiliazioni. Io ho aggiunto da poco una pagina dedicata alle affiliazioni. Adesso che i lettori di Trippando iniziano ad essere davvero tanti, l'ho fatto, principalmente, per offrire loro un servizio completo. Non so quanto potrò guadagnarci, ma per me l'essenziale è poter coccolare i miei lettori, offrendo loro una possibilità in più: quella di prenotare i loro viaggi attraverso il mio blog, avvalendosi di servizi che io ed il mio gruppo conosciamo ed abbiamo provato personalmente.

3.9 TESTIMONIAL

Quando arrivi ad essere contattato da un'azienda per diventare un suo testimonial, puoi ritenerti soddisfatto, puoi (quasi) pensare di avercela fatta. Sicuramente è un bel traguardo, anche se non devi dare tutto per scontato: dovrai accettare il ruolo proposto solo se i valori di quell'azienda sono affini ai tuoi e a quelli del tuo blog. Quando sarai arrivato a questo punto, valuterai da solo le cifre da chiedere, a seconda dell'impegno e dell'esposizione social-mediatica che ti viene richiesta.

3.10 COORDINAMENTO DI BLOG AZIENDALI E ACCOUNT SOCIAL

La maggior parte dei blogger che vuole diventare problogger o semiproblogger lo fa per un'aspirazione all'indipendenza e per l'avvio di un'attività professionale in proprio. Tuttavia vi sono altre persone che utilizzano il proprio blog come vetrina per poter trovare un impiego che le soddisfi al meglio, un lavoro nel mondo dei blog o dei social media del proprio settore di blogging. Se anche tu fai parte di questo gruppo, sappi che una persona che cura il proprio blog ed i social ad esso correlati è più avvantaggiata a trovare un lavoro in questo ambito rispetto ad un'altra che ha pari conoscenze, ma solo teoriche o sviluppate in altri settori d'interesse. Se la tua aspirazione è quella di arrivare a curare il blog o i social media di una grande azienda del settore di cui ti occupi, dovrai studiare tanto: le conoscenze non si improvvisano.

Se lavori sul tuo blog e sui social ad esso connessi, agli inizi puoi fare test e prove e scegliere tra varie possibilità sulla base delle esperienze che ti fai; invece quando lavori per altri, devi avere già un piano editoriale, devi sapere in anticipo cosa fare, devi prevedere le richieste del mercato.

Con un buon mix di teoria (tanto, tanto studio e tanti approfondimenti, soprattutto a livelli di corsi in aula o online) e pratica (il lavoro sul tuo blog o sui social ed esso correlati) avrai le carte in regola per poterti candidare a lavori di coordinamento di blog aziendali o di gestione di account social.

3.11 BENEFIT

A seconda del settore in cui opera il tuo blog, prima delle proposte di collaborazione di cui ti ho parlato in questo capitolo fino ad ora, ti potranno essere offerti dei benefit. Spesso ai blogger vengono inviati **prodotti prossimi al lancio o appena lanciati sul mercato**. Le aziende, in questo modo, si fanno pubblicità a costo pressoché zero. In questi casi, vengono coinvolti sia blogger più influenti, che blogger più giovani. Cosa viene richiesto in cambio? Tipicamente, nulla, ma è buona norma farsi un selfie o fare una foto al prodotto, da condividere sui vari social, in particolare su Facebook ed Instagram, che sono quelli di maggiore impatto visivo. L'omaggio costituisce, di solito, un buon punto di network tra blogger ed agenzie di PR (o, direttamente, tra blogger ed aziende): i blogger "vecchi", che di solito si limitano alla foto, con hashtag, mantengono buoni rapporti con le agenzie, da cui sperano di ricevere presto collaborazioni remunerative; invece i blogger "nuovi", mossi dall'entusiasmo per essere stati considerati, con ogni probabilità faranno anche più di una foto. E, magari anche un articolo, se il prodotto è di loro gradimento. Funziona così. È un po' naif, ma è così!

Un altro grande benefit, probabilmente il maggiore è la **possibilità di viaggiare sponsorizzati**: gli enti del turismo sono spesso felici di accogliere sul loro territorio blogger che possono parlare - sul blog o attraverso i canali social - del posto che stanno visitando. Per questo offrono collaborazione nell'organizzazione degli itinerari, carta per il libero accesso ai musei e mezzi pubblici e aiutano nel trovare strutture ricettive disposte ad ospitare il blogger gratuitamente o a fronte di una - spesso irrisoria - tariffa stampa. Come te lo sto raccontando adesso può sembrarti facile e banale. Di fatto non è così. A riguardo ho scritto un manuale (l'infoprodotto di cui ti ho parlato poco fa): "Sei un Blogger? Viaggia Sponsorizzato!". Leggi di cosa si tratta (qui: http://www.trippando.it/manuale-per-blogger-sei-un-blogger-viaggia-sponsorizzato/) , in dettaglio, e le recensioni dei blogger che l'hanno comprato e provato. Se ti può piacere, scarica gratuitamente la parte introduttiva (http://www.trippando.it/downloads/scarica-gratis-lintroduzione-di-sei-un-blogger-viaggia-sponsorizzato/) così da capire se può fare per te, e comprarlo, oppure no.

CONCLUSIONE

Sei giunto alla fine di questo percorso insieme. Qualcosa ti sarà sembrato facile. Qualcos'altro meno. Credo veramente che, per poter avere un futuro nel mondo del blogging, i punti base siano due: la conoscenza e la padronanza della lingua in cui scrivi e la tua passione per gli argomenti che tratti. Per il resto, occorre studiare, sperimentare, aspettare, provare.

Se hai bisogno di una consulenza, di un confronto, di un aiuto, ti rinnovo la mia disponibilità. Scrivimi all'indirizzo silvia@trippando.it e ci metteremo d'accordo per il pagamento e l'organizzazione della consulenza sulla base delle tue disponibilità temporali e di quello che vuoi sapere da me.

Ti faccio presente che i link di MOO-biglietti da visita e del manuale di Emanuele Properzi sono link di affiliazione; dunque se ordinerai un prodotto a partire da uno di quei due link, io riceverò una piccola commissione.

In bocca al lupo!